Klasse 2

Ulrike Stolz & Lynn-Sven Kohl

Der Leseprofi

2

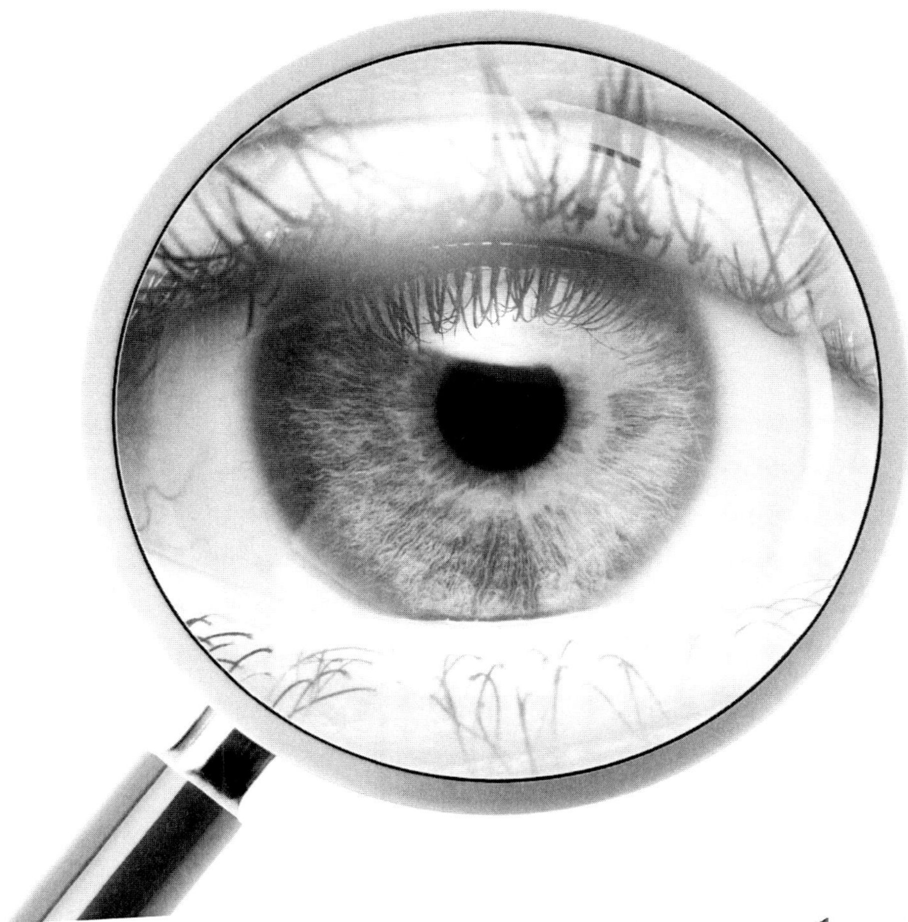

Fit durch Lesetraining!

Intensives Training des sinnerfassenden Lesens

Der Leseprofi

Fit durch Lesetraining / Klasse 2

7. Auflage 2026

Texte & Gestaltung: Ulrike Stolz, Lynn-Sven Kohl
Coverbild: © by-studio - AdobeStock.com
Redaktion: Kohl-Verlag
Grafik & Satz: Kohl-Verlag
Druck: farbo prepress GmbH, Köln

Bestell-Nr. 16 762

ISBN: 978-3-98841-102-0

Verwendete Schrift: *„Grundschrift“ von Christian Urff, lizenziert unter CC-BY 3.0*

Bildquellen:

(alle Adobestock.com, wenn nicht anderes angegeben)

Auf allen Seiten: © rosifan19; **Seite 2:** © Africa Studio; **Seite 6:** © Emolaev Alexandr; **Seite 7:** © Konstantin Yuganov; **Seite 8:** © zagorodnaya; **Seite 9:** © Henry Czaudema; **Seite 10:** © willtu; **Seite 11:** © gudkovandrey; **Seite 12:** © lordn; **Seite 13:** © konradbak; **Seite 14:** © Tatyana Gladskih; **Seite 15:** © Argitop1A; **Seite 16:** © vizualni; **Seite 17:** © marritch; **Seite 18:** © reinhard; **Seite 19:** © Alexandra; **Seite 20:** © PicMedia; **Seite 21:** © Stanislaw Tokarski; **Seite 22:** © vvalentine; **Seite 23:** © Roque Sánchez; **Seite 24:** © Microgen; **Seite 25:** © Marzanna Syncerz; **Seite 26:** © Horst Schmidt; **Seite 27:** © Petair; **Seite 28:** © slavomir pancevac; **Seite 29:** © daboost; **Seite 30:** © johnmerlin; **Seite 31:** © belyaaa; **Seite 32:** © Nataliia; **Seite 33:** © Aquir; **Seite 34:** © Kzenon; **Seite 35:** © Medard; **Seite 36:** © fottoo; **Seite 37:** © gorov; **Seite 38:** © Kathrin39; **Seite 39:** © Clement C / peopleimages.com; **Seite 40:** © topvectors; **Seite 41:** © Petair; **Seite 42:** © clipart.com; **Seite 43:** © Bernd Meiseberg; **Seite 44:** © wereimages; **Seite 45:** © BillionPhotos; **Seite 46:** © Harald Schindler; **Seite 47:** © photophonie; **Seite 48:** © pressmaster; **Seite 49:** © Damian Sobczyk; **Seite 50:** © seite3; **Seite 51:** © aapsky; **Seite 52:** © sabine hürdler; **Seite 53:** © stopabox; **Seite 54:** © Pixel-Shot; **Seite 55:** © ROFIDOHTUL; **Seite 56:** © Paitoon; **Seite 57:** © Fida; **Seite 58:** © Ilja; **Seite 59:** © sacred art; **Seite 64**: © luismolinero, alex83m, yoyonpujiono & Ghost Rider

Kontakt: Kohl-Verlag, An der Brennerei 37-45, 50170 Kerpen
Tel: +49 2275 331610, Mail: info@kohlverlag.de

Inhalt

Der Leseprofi / Klasse 2
Intensives Training des sinnerfassenden Lesens – Bestell-Nr. 16 762
KOHL VERLAG

Vorwort

Profi! Wie wird man das?

Das ist eine berechtigte Frage. Und dann auch noch Leseprofi?
Gerade in diesem grundlegenden Bereich ziehen sich die Schwierigkeiten unserer Schülerinnen und Schüler durch alle Altersstufen und alle Schularten.
Um diese Schwierigkeiten zu beheben, wurde der Leseprofi entwickelt. Es wird neben der Lesetechnik und Lesefertigkeit auch das Textverständnis trainiert. Ein fragendes Denken soll mit Hilfe dieser Arbeitsblätter gefördert werden.

Aber was ist überhaupt Lesen? Worauf kommt es denn nun wirklich an?
Lesen ist Sinnentnahme aus allen möglichen Texten. Das reicht von der täglichen Fernsehprogrammbeschreibung bis zum wissenschaftlichen Text. Dabei gibt es diesen entscheidenden Lerneffekt: Wichtiges von Unwichtigem zu unterscheiden! Das geht nur durch Lesen und gleichzeitiges Verstehen!

Der Aufbau der Arbeitsblätter zielt vor allem auf das Verstehen des Gelesenen ab. Dabei geht das natürlich nicht immer, ohne auch zu schreiben. Denn nur, wer etwas Gelesenes auch „aufschreiben“ kann, der hat den Sinn des Gelesenen auch verstanden.

Da wir aber die unterschiedlichsten Voraussetzungen unserer Schülerinnen und Schüler kennen, wird auch auf das Erlesen von Silben Wert gelegt. Denn Silben sind die kleinsten logischen Einheiten beim Lesen.

Die 27 Einheiten im Heft sind nach Schwierigkeit sortiert - von einfach bis schwierig. Auf den Arbeitsblättern wird aber aus Gründen der Benachteiligung bewusst darauf verzichtet. Kein Schüler muss wissen, dass der Lehrer/die Lehrerin ihm/ihr „nur“ einen leichten Text gibt. So kann man die Schülerin/den Schüler schneller positiv bestärken, mit dem konkreten Hinweis auf sein konzentriertes Arbeiten. So fördert man Motivation und Konzentration.

Frei nach dem Motto „Wer nicht fragt, bleibt dumm!“ gibt es natürlich in jedem Text auch einmal Wörter zu erklären. Meistens ist dies im Text nur auf ein bis zwei unbekannte Wörter beschränkt, sodass die Schülerin/der Schüler sich mit diesem Begriffen und ihren Bedeutungen auseinandersetzen kann. Möchte man den Lese-Wortschatz erweitern, müssen neue unbekannte Wörter/Begriffe eingebaut werden. Diese werden aus dem Kontext heraus oder durch zusätzliche Erklärungen mit Inhalt gefüllt. Dies kann die Schüler auch zum Nachschlagen von Begriffen in Lexika führen.

Zusätzliches Material zum Leseprofi bietet das passende Arbeitsheft zu jeder Ausgabe. Hier wird Lesen und Verstehen mit Aufgabentypen verschiedenster Art gefördert. Alle diese Materialien können unabhängig voneinander eingesetzt werden.

Der Leseprofi macht jeden Schüler zum Profi, weil das wichtigste Ziel beim Lesen verfolgt wird:
Unwichtiges von Wichtigem lesend zu trennen!

An dieser Stelle möchten wir uns für die Unterstützung bei Sylvia Hielscher, Wolfgang Wertenbroch und Erich van Heiss ganz herzlich bedanken.

Ihnen und Ihren Schülern wünschen wir viel Erfolg und Freude mit den vorliegenden Kopiervorlagen.

Ihr Kohl-Verlagsteam,

Lynn-Sven Kohl & Ulrike Stolz

Methoden

So wird mit dem Leseprofi gearbeitet!

So kann der Schüler/die Schülerin mit dem Leseprofi arbeiten:

1. Arbeitsblatt

- Der Text wird gelesen. Eventuell wird der Text auch ein zweites Mal gelesen.
- Der Text kann, um ein nochmaliges Nachlesen zu verhindern, nach hinten weggeklappt werden.
- Im 1. Lernschritt werden die Aussagen zum Text gelesen. Mit einem lachenden Gesicht werden die richtigen Aussagen gekennzeichnet. Dies kann je nach Alter der Schüler auch mit Selbstkontrolle über das Lösungsblatt kontrolliert werden. Das Lösungsblatt könnte z.B. beim Lehrer ausgelegt sein.

2. Arbeitsblatt

- Der zweite Lernschritt ist additiv. Er kann nach Belieben hinzugenommen oder weggelassen werden.
- Die Fragen werden gelesen und schriftlich beantwortet. Dafür kann der Text auch noch einmal vollständig gelesen werden.
- Schwächere oder jüngere Schüler können mit der „Unterstreichmethode“ arbeiten. So muss nur gelesen und nichts geschrieben werden. Es eignen sich Textmarker zum Markieren einzelner Textstellen.

Zusätzliche Ideen und Überlegungen für den Lehrer:

- Da die Texte nach Schwierigkeitsgraden im Heft sortiert sind, auf dem Blatt aber nicht als leicht oder schwierig gekennzeichnet wurden, hat der Lehrer die Möglichkeit, jeden Schüler positiv zu bestärken.
  Dabei sollte ganz konkret gesagt werden, was ein Schüler toll gemacht hat (z.B. hat er sich prima konzentriert). Allgemeines Lob wird auch nur allgemein wahrgenommen. Deshalb sollte man immer das gewünschte Verhalten konkret benennen und loben.
- Schwache Schüler profitieren von der „Unterstreichmethode“. Mit verschiedenen Textmarkern macht das richtig Spaß und diese Schüler haben die gleichen Ergebnisse wie ihre schreibenden Mitschüler.
- Überschriften machen neugierig. Sie stimmen auf mögliche Inhalte des Textes ein. In einem einstimmenden Gesprächskreis können Vermutungen geäußert werden, die motivieren (z.B.: Woran denkst du bei dieser Überschrift? Was könnte im Text vorkommen? Wovon könnte er handeln? usw.) Schüler haben dann eine Erwartungshaltung und sind gespannt darauf, was der Text nun wirklich zu bieten hat.
- Der Lese-Wortschatz wird durch nicht so geläufige Begriffe erweitert. Aus dem Kontext heraus werden sie mit Inhalt gefüllt.
- Der Zusatzkasten mit Sprech- und Schreibanlässen gibt Stoff für weitere Stunden und angeregte Diskussionen und setzt sich mit den beschriebenen Sach- und Sozialthemen auseinander. Sachtexte regen zum Weiterlesen in Lexika oder entsprechenden Natur- und Sachkundebüchern an.
- Die Texte können aus Vorlage benutzt werden, um zu lernen, Unwichtiges zu streichen und das Wichtige in Stichwörtern zusammenzufassen. Eine Folge wird sein, dass auch eigene Texte mit Wichtigem/den Kernaussagen gefüllt sein werden.
  Der Leseprofi fördert das Textverständnis auch für völlig unbekannte Texte, da methodisch vorgegangen wird. Der Schüler merkt sich nur das Wesentliche!

1 Gesundes Essen

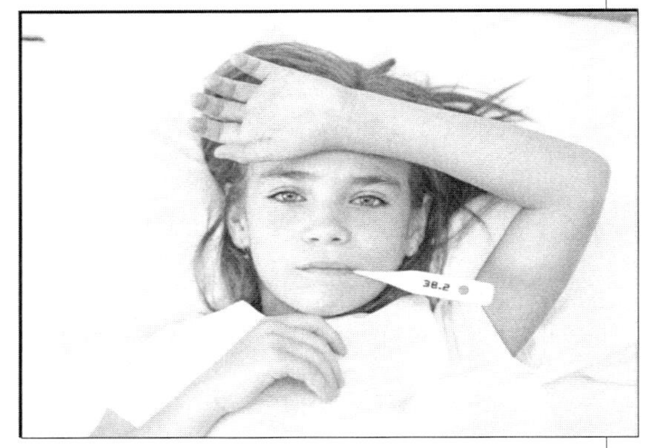

Elena ist krank. Sie liegt im Bett. Der Arzt schaut sie ernst an. Er spricht mit Mutter. Dann erklärt er Elena, dass sie zu wenig Vitamine bekommt. Immer nur Süßigkeiten essen ist nicht gut. Obst und Gemüse sind viel wichtiger.

40 Wörter

1. Lernschritt

➔ *Lies die folgenden Sätze aufmerksam durch.*

➔ *Ist die Aussage inhaltlich richtig? Dann kreuze die Aussage an.*

(!) *Achtung: Du darfst nicht mehr im Text nachlesen!*

- -

Knicke das Blatt entlang dieser Linie nach hinten.

		Richtig X
1	Elena ist krank.	
2	Sie liegt auf dem Sofa.	
3	Der Arzt grinst sie an.	
4	Er spricht mit Vater.	
5	Dann erklärt er Elena, dass sie zu wenig Vitamine bekommt.	
6	Immer nur Süßigkeiten essen ist gesund.	
7	Obst und Gemüse sind nicht wichtig.	
8	Obst und Gemüse sind viel wichtiger.	

Gesundes Essen

2. Lernschritt

Beantworte die folgenden Fragen zum Lesetext sinngemäß in vollständigen Sätzen.

oder:

Unterstreiche im Lesetext die passenden Antworten. Schreibe am Rand den dazugehörigen Buchstaben daneben.

a) Wo liegt Elena?

b) Wie schaut der Arzt sie an?

c) Was erklärt er Elena?

d) Was sollte Elena nicht essen?

e) Was ist viel wichtiger?

Zusatzaufgaben

- *Was esst ihr gerne? Ist das auch gesund?*
- *Schreibe auf, welche Krankheiten du schon einmal hattest.*

Der Leseprofi / Klasse 2
Intensives Training des sinnerfassenden Lesens – Bestell-Nr. 16 762
KOHL VERLAG

2 Der Tomatenstreich

Die Zwillinge Inna und Kristina sind Spaßvögel. Sie lieben es, anderen Leuten Streiche zu spielen. Gestern haben sie es aber zu weit getrieben. Mit roter Farbe haben sie die Tomaten in Nachbars Garten angemalt. Der Nachbar war stinksauer. Nun haben beide Hausarrest. Und dabei war es viel Arbeit, jede Tomate einzeln anzumalen!

53 Wörter

1. Lernschritt

➔ *Lies die folgenden Sätze aufmerksam durch.*

➔ *Ist die Aussage inhaltlich richtig? Dann kreuze die Aussage an.*

(!) *Achtung: Du darfst nicht mehr im Text nachlesen!*

- -

Knicke das Blatt entlang dieser Linie nach hinten.

Richtig 

		Richtig
1	Die Zwillinge Anton und Markus sind Spaßvögel.	
2	Sie lieben es, anderen Leuten Streiche zu spielen.	
3	Gestern haben sie es aber zu weit getrieben.	
4	Mit blauer Farbe haben sie die Tomaten angemalt.	
5	Die Tomaten waren in Omas Garten.	
6	Der Nachbar war stinksauer.	
7	Nun haben beide Hausarrest.	
8	Es war kaum Arbeit, die Tomaten anzumalen.	

2 Der Tomatenstreich

2. Lernschritt

Beantworte die folgenden Fragen zum Lesetext sinngemäß in vollständigen Sätzen.

oder:

Unterstreiche im Lesetext die passenden Antworten. Schreibe am Rand den dazugehörigen Buchstaben daneben.

a) Was sind die Zwillinge Inna und Kristina?

b) Was haben sie mit roter Farbe gemacht?

c) Wo haben sie die Tomaten angemalt?

d) Was war der Nachbar?

e) Was war viel Arbeit?

Zusatzaufgaben

- *Welche Streiche habt ihr schon einmal gemacht?*
- *Schreibe den Grund auf, warum du einmal Hausarrest erhalten hast.*

Der Leseprofi / Klasse 2
Intensives Training des sinnerfassenden Lesens – Bestell-Nr. 16 762
KOHL VERLAG

3 Der Wal

Der kleine Tim geht mit seinen Eltern am Strand spazieren. Plötzlich sieht er einen kleinen Hügel am Strand liegen. Er hat keine Idee, was das sein könnte. Erst als sie näher kommen, sieht er es. Es ist ein gestrandeter Wal. Vater informiert mit dem Handy die Polizei, die sich um das gestrandete Tier kümmern wird.

55 Wörter

1. Lernschritt

➔ *Lies die folgenden Sätze aufmerksam durch.*

➔ *Ist die Aussage inhaltlich richtig? Dann kreuze die Aussage an.*

(!) *Achtung: Du darfst nicht mehr im Text nachlesen!*

- -

Knicke das Blatt entlang dieser Linie nach hinten.

		Richtig X
1	Der kleine Tom geht am Strand spazieren.	
2	Tim geht mit seinen Eltern spazieren.	
3	Er sieht einen kleinen Hügel am Strand liegen.	
4	Er hat eine gute Idee.	
5	Er sieht es, als sie davor weglaufen.	
6	Es ist ein gestrandeter Wal.	
7	Vater informiert mit dem Handy die Polizei.	
8	Vater kümmert sich mit der Feuerwehr um das gestrandete Tier.	

Der Leseprofi / Klasse 2
KOHL VERLAG

3 Der Wal

2. Lernschritt

Beantworte die folgenden Fragen zum Lesetext sinngemäß in vollständigen Sätzen.

oder:

Unterstreiche im Lesetext die passenden Antworten. Schreibe am Rand den dazugehörigen Buchstaben daneben.

a) Wo geht der kleine Tim spazieren?

b) Was hat er nicht?

c) Was sieht er, als sie näher kommen?

d) Wen informiert Vater mit dem Handy?

e) Was wird die Polizei tun?

Zusatzaufgabe

- *Habt ihr schon einmal eine ungewöhnliche Entdeckung gemacht? Berichtet davon.*

KOHL VERLAG Der Leseprofi / Klasse 2 Intensives Training des sinnerfassenden Lesens – Bestell-Nr. 16 762

4 Im Kindergarten

Heute machen die zweiten Klassen einen Besuch im Kindergarten. Sie wollen den künftigen Erstklässlern von der Schule erzählen. Als sie dort sitzen, bekommen sie viele Fragen gestellt. Am meisten interessiert die Kinder, wie man lesen und schreiben lernt.

38 Wörter

1. Lernschritt

➔ *Lies die folgenden Sätze aufmerksam durch.*

➔ *Ist die Aussage inhaltlich richtig? Dann kreuze die Aussage an.*

(!) *Achtung: Du darfst nicht mehr im Text nachlesen!*

- -

Knicke das Blatt entlang dieser Linie nach hinten.

		Richtig X
1	Heute machen die zweiten Klassen einen Besuch.	
2	Sie machen ihren Besuch im Kindergarten.	
3	Sie wollen den künftigen Erstklässlern vom Turnverein erzählen.	
4	Sie stehen im Klassenzimmer herum.	
5	Sie bekommen viele Fragen gestellt.	
6	Die Kinder interessiert nicht viel.	
7	Am meisten interessiert die Kinder, wie man lesen und schreiben lernt.	
8	Die Schüler wollen mit den Kindern spielen.	

Im Kindergarten

2. Lernschritt

Beantworte die folgenden Fragen zum Lesetext sinngemäß in vollständigen Sätzen.

oder:

Unterstreiche im Lesetext die passenden Antworten. Schreibe am Rand den dazugehörigen Buchstaben daneben.

a) Was machen die zweiten Klassen heute?

b) Wo machen sie ihren Besuch?

c) Was wollen sie den künftigen Erstklässlern erzählen?

d) Was interessiert die Kinder am meisten?

Zusatzaufgaben

- *Welche Erwartungen hattet ihr an die Schule, als ihr aus dem Kindergarten gekommen wart? Sprecht darüber.*
- *Welchen Ausflug hast du mit deiner Klasse schon unternommen? Berichte darüber in deinem Heft.*

Der Leseprofi / Klasse 2 – Bestell-Nr. 16 762
Intensives Training des sinnerfassenden Lesens
KOHL VERLAG

5 Haustiere

Fast jeder hätte gerne ein Haustier. Vor allem Hunde und Katzen sind sehr beliebt. Aber es gibt auch andere Haustiere. Manche halten sich recht ausgefallene Tiere. Leider werden sie nicht immer artgerecht gehalten. Für ein Haustier braucht man auch genug Platz.

41 Wörter

1. Lernschritt

- Lies die folgenden Sätze aufmerksam durch.
- Ist die Aussage inhaltlich richtig? Dann kreuze die Aussage an.

(!) Achtung: Du darfst nicht mehr im Text nachlesen!

Knicke das Blatt entlang dieser Linie nach hinten.

		Richtig X
1	Fast jeder hätte gerne ein Fahrrad.	
2	Vor allem Hunde und Katzen sind sehr beliebt.	
3	Es gibt keine anderen Haustiere außer Hunde und Katzen.	
4	Manche halten sich recht ausgefallene Haustiere.	
5	Leider werden sie nicht immer artgerecht gehalten.	
6	Für ein Haustier braucht man genug Platz.	
7	Man braucht eine Erlaubnis, um Haustiere zu halten.	
8	Um ein Haustier zu halten, braucht man einen Führerschein.	

Haustiere

2. Lernschritt

Beantworte die folgenden Fragen zum Lesetext sinngemäß in vollständigen Sätzen.

oder:

Unterstreiche im Lesetext die passenden Antworten. Schreibe am Rand den dazugehörigen Buchstaben daneben.

a) Was hätte fast jeder gerne?

b) Welche Tiere sind sehr beliebt?

c) Was halten sich manche?

d) Wie werden sie leider nicht immer gehalten?

e) Was braucht man für ein Haustier auch?

Zusatzaufgaben

- *Was ist eigentlich artgerechte Haltung? Diskutiert.*
- *Lebt in deiner Familie auch ein Haustier oder kennst du jemanden, der eines hat? Beschreibe es.*

Der Leseprofi / Klasse 2
Intensives Training des sinnerfassenden Lesens – Bestell-Nr. 16 762
KOHL VERLAG

6 Der neue Füller

Andrea ist jetzt in die zweite Klasse gekommen. Nun ist es Zeit, mit einem richtigen Füller zu schreiben. Ihre Tante will ihr den neuen Füller kaufen. Im Geschäft liegen viele Füller vor ihm. Alle darf sie einmal ausprobieren. Sie entscheidet sich für einen blauen Füller. Es sind viele kleine Pferde darauf.

51 Wörter

1. Lernschritt

➔ *Lies die folgenden Sätze aufmerksam durch.*

➔ *Ist die Aussage inhaltlich richtig? Dann kreuze die Aussage an.*

(!) *Achtung: Du darfst nicht mehr im Text nachlesen!*

- -

Knicke das Blatt entlang dieser Linie nach hinten.

		Richtig X
1	Alex ist in die zweite Klasse gekommen.	
2	Es ist an der Zeit, mit einem richtigen Füller zu schreiben.	
3	Ihre Mutter will ihr den neuen Füller kaufen.	
4	Sie hat nur zwei Füller zu Auswahl.	
5	Alle darf sie ausprobieren.	
6	Sie entscheidet sich für einen roten Füller.	
7	Es sind viele kleine Flugzeuge drauf.	
8	Ihr neuer Füller ist blau mit vielen kleinen Pferden drauf.	

6 Der neue Füller

2. Lernschritt Beantworte die folgenden Fragen zum Lesetext sinngemäß in vollständigen Sätzen.

<u>oder</u>:

Unterstreiche im Lesetext die passenden Antworten. Schreibe am Rand den dazugehörigen Buchstaben daneben.

a) Wofür ist es nun an der Zeit?

b) Mit wem geht sie in die Stadt?

c) Wo liegen viele Füller vor ihr?

d) Was darf sie mit den Füllern machen?

e) Was befindet sich auf dem Füller?

Zusatzaufgaben

- Wer hat euch euren ersten Füller gekauft? Erzählt.
- Beschreibe deinen Füller. Wie sieht er aus? Welche Farbe hat er?

Der Leseprofi / Klasse 2 – Intensives Training des sinnerfassenden Lesens – Bestell-Nr. 16 762
KOHL VERLAG

7 Die Schauenburg

Auf dem Berg steht die alte Ruine der Burg Schauenburg. Man kann dort wunderbar auf Entdeckungsreise gehen. Es gibt den alten Bergfried, das alte Kellerverlies und den alten Brunnen. Die alten Festungsmauern sind noch zu erkennen. Das Schönste ist der Ausblick in die herrliche Rheinebene.

45 Wörter

1. Lernschritt

➔ *Lies die folgenden Sätze aufmerksam durch.*

➔ *Ist die Aussage inhaltlich richtig? Dann kreuze die Aussage an.*

(!) *Achtung: Du darfst nicht mehr im Text nachlesen!*

- -

Knicke das Blatt entlang dieser Linie nach hinten.

		Richtig X
1	Auf dem Berg steht das alte Schloss Schauenburg.	
2	Dort kann man wunderbar auf Entdeckungsreise gehen.	
3	Es gibt dort den alten Bergfried.	
4	Es gibt dort einen alten Festsaal.	
5	Die alte Brücke ist noch zu erkennen.	
6	Man sieht noch die alten Festungsmauern.	
7	Das Schönste ist der Ausblick in die herrliche Rheinebene.	
8	Das Gruseligste ist der alte Brunnen.	

7 Die Schauenburg

2. Lernschritt

Beantworte die folgenden Fragen zum Lesetext sinngemäß in vollständigen Sätzen.

oder:

Unterstreiche im Lesetext die passenden Antworten. Schreibe am Rand den dazugehörigen Buchstaben daneben.

a) Was kann man auf der Burg Schauenburg?

b) Was gibt es dort zu sehen?

c) Was ist noch zu erkennen?

d) Was ist das Schönste?

Zusatzaufgaben

- *Welche Burg befindet sich in eurer Nähe? Was gibt es dort zu entdecken?*
- *Was findest du an einer alten Burgruine am besten? Schreibe drei kleine Sätze dazu auf.*

Der Leseprofi / Klasse 2 Intensives Training des sinnerfassenden Lesens – Bestell-Nr. 16 762
KOHL VERLAG

8 Das Fest

In diesem Sommer gibt es auf der Burgruine Schauenburg etwas Besonderes. In der alten Burgruine ist ein mittelalterliches Fest geplant. Auch die Schwarzwaldschule möchte daran teilnehmen. Alle überlegen angestrengt, was man zu dem Fest beisteuern könnte. Schließlich hat Manuela die Idee. Sie werden ein großes Ritterturnier mit passenden Spielen veranstalten.

50 Wörter

1. Lernschritt

→ *Lies die folgenden Sätze aufmerksam durch.*

→ *Ist die Aussage inhaltlich richtig? Dann kreuze die Aussage an.*

(!) *Achtung: Du darfst nicht mehr im Text nachlesen!*

- -

Knicke das Blatt entlang dieser Linie nach hinten.

Richtig 

1	In diesem Winter gibt es auf der Schauenburg etwas Besonderes.	
2	Geplant ist ein mittelalterliches Fest in der Burgruine.	
3	Auch der Turnverein möchte daran teilnehmen.	
4	Alle überlegen angestrengt, was man zu dem Fest beisteuern könnte.	
5	Michaela hat die Idee.	
6	Sie werden einen Stand mit Kaffee und Kuchen organisieren.	
7	Sie werden ein Ritterturnier veranstalten.	
8	Auch der Kindergarten möchte sich an dem Fest beteiligen.	

8 Das Fest

2. Lernschritt

Beantworte die folgenden Fragen zum Lesetext sinngemäß in vollständigen Sätzen.

oder:

Unterstreiche im Lesetext die passenden Antworten. Schreibe am Rand den dazugehörigen Buchstaben daneben.

a) Was ist in diesem Sommer auf der Schauenburg geplant?

b) Wer möchte auch an dem Fest teilnehmen?

c) Wer hat die Idee, was man zu dem Fest beisteuern könnte?

d) Was wollen sie veranstalten?

Zusatzaufgaben

- *Welche Ideen hättet ihr für ein mittelalterliches Fest auf einer Burgruine?*
- *Beschreibe, wie du dir ein Ritterturnier vorstellst.*

Der Leseprofi / Klasse 2
Intensives Training des sinnerfassenden Lesens – Bestell-Nr. 16 762
KOHL VERLAG

9 Nachtwanderung

Die Klasse 2b machte gestern eine Nachtwanderung. Um elf Uhr abends zogen sie mit ihrer Lehrerin und drei Eltern los. Alle hatten Taschenlampen dabei. Der Weg führte durch den Wald. Julian und Marcel versteckten sich hinter einem Baum. Sie erschreckten die Mädchen. Es war gruselig. Die Mädchen wollen sich an den Jungen rächen.

53 Wörter

1. Lernschritt

➔ *Lies die folgenden Sätze aufmerksam durch.*

➔ *Ist die Aussage inhaltlich richtig? Dann kreuze die Aussage an.*

(!) *Achtung: Du darfst nicht mehr im Text nachlesen!*

- -

Knicke das Blatt entlang dieser Linie nach hinten.

Richtig 

Nr.	Aussage	Richtig
1	Die Klasse 2b machte gestern eine Nachtwanderung.	
2	Sie zogen mittags um zwei Uhr los.	
3	Es waren die Lehrerin und drei Eltern dabei.	
4	Alle hatten Rucksäcke dabei.	
5	Der Weg führte durch den Wald.	
6	Marina und Julia erschreckten die Jungen.	
7	Die Mädchen wollen den Jungen etwas schenken.	
8	Die Mädchen wollen sich an den Jungen rächen.	

9

Nachtwanderung

2. Lernschritt

Beantworte die folgenden Fragen zum Lesetext sinngemäß in vollständigen Sätzen.

oder:

Unterstreiche im Lesetext die passenden Antworten. Schreibe am Rand den dazugehörigen Buchstaben daneben.

a) Was machte die Klasse 2b gestern?

b) Mit wem zogen sie um elf Uhr abends los?

c) Wo führte der Weg entlang?

d) Was machten Julian und Marcel?

e) Was wollen die Mädchen?

Zusatzaufgaben

- *Was heißt das eigentlich, sich an jemandem rächen zu wollen? Findet ihr das in Ordnung?*
- *Schreibe auf, wann du dich das letzte Mal richtig gefürchtet hast.*

Der Leseprofi / Klasse 2 – Intensives Training des sinnerfassenden Lesens – Bestell-Nr. 16 762

10 Winterurlaub

Familie Linzmeier geht zum ersten Mal in den Winterurlaub. Die drei Kinder Lars, René und Melissa sind nervös. Sie können nicht Ski fahren. Vater hat für alle drei einen Skikurs gebucht. Schon nach drei Tagen sausen Melissa und René die Hänge hinunter. Nur Lars ist noch etwas ängstlich.

48 Wörter

1. Lernschritt

- ➔ *Lies die folgenden Sätze aufmerksam durch.*
- ➔ *Ist die Aussage inhaltlich richtig? Dann kreuze die Aussage an.*

(!) *Achtung: Du darfst nicht mehr im Text nachlesen!*

- -

Knicke das Blatt entlang dieser Linie nach hinten.

Richtig 

1	Familie Huber geht zum ersten Mal in den Badeurlaub.	
2	Die drei Kinder sind nervös.	
3	Sie können nicht Ski fahren.	
4	Vater hat für alle drei einen Skikurs gebucht.	
5	Nach zwei Wochen sausen René und Lars die Hänge hinunter.	
6	Melissa ist ängstlich.	
7	Lars traut sich alles zu.	
8	Nur Lars ist noch etwas ängstlich.	

10 Winterurlaub

2. Lernschritt

Beantworte die folgenden Fragen zum Lesetext sinngemäß in vollständigen Sätzen.

oder:

Unterstreiche im Lesetext die passenden Antworten. Schreibe am Rand den dazugehörigen Buchstaben daneben.

a) Wohin geht die Familie Linzmeier zum ersten Mal?

b) Was können die drei Kinder nicht?

c) Was hat Vater für alle drei?

d) Wann sausen Melissa und René die Hänge hinunter?

e) Wer ist noch etwas ängstlich?

Zusatzaufgaben

- *Wart ihr schon einmal im Winterurlaub? Erzählt.*
- *Was machst du im Winter am liebsten? Zähle auf.*

Der Leseprofi / Klasse 2 – Intensives Training des sinnerfassenden Lesens – Bestell-Nr. 16 762
KOHL VERLAG

11 Unser neues Haus

An Weihnachten erzählten die Eltern Christian von ihrer Idee. Sie wollen ein Haus bauen. Christian soll ein eigenes Zimmer bekommen. Der Bagger kommt und gräbt das Loch für den Keller. Die Baufirma stellt das Haus auf den Keller. Christian muss sich nur noch die Farbe für sein Zimmer aussuchen. In drei Wochen wird alles fertig sein.

56 Wörter

1. Lernschritt

➔ *Lies die folgenden Sätze aufmerksam durch.*

➔ *Ist die Aussage inhaltlich richtig? Dann kreuze die Aussage an.*

(!) *Achtung: Du darfst nicht mehr im Text nachlesen!*

- -

Knicke das Blatt entlang dieser Linie nach hinten.

		Richtig X
1	An Ostern erzählen die Eltern Christian von der Idee.	
2	Sie wollen ein neues Schwimmbad bauen.	
3	Christian will einen eigenen Liegestuhl haben.	
4	Christian soll ein eigenes Zimmer bekommen.	
5	Der Bagger gräbt ein Loch für das Schwimmbad.	
6	Die Baufirma stellt das Haus auf den Keller.	
7	Christian muss sich nur noch die Farbe für sein Zimmer aussuchen.	
8	In vier Monaten wird alles fertig sein.	

11 Unser neues Haus

2. Lernschritt Beantworte die folgenden Fragen zum Lesetext sinngemäß in vollständigen Sätzen.

oder:

Unterstreiche im Lesetext die passenden Antworten. Schreibe am Rand den dazugehörigen Buchstaben daneben.

a) Was wollen die Eltern machen?

b) Was soll Christian bekommen?

c) Was macht die Baufirma?

d) Was muss Christian noch?

e) Wann wird alles fertig sein?

Zusatzaufgaben

- *Hat jeder von euch ein eigenes Zimmer zu Hause? Erzählt darüber.*
- *Welche Farbe hat euer Zimmer zu Hause?*

Der Leseprofi / Klasse 2
Intensives Training des sinnerfassenden Lesens – Bestell-Nr. 16 762
KOHL VERLAG

12 Trennung auf Zeit

Marion ist traurig. Ihr Schulfreund Tobias zieht weg. Seine Eltern sind Lehrer. Sie gehen für zwei Jahre an eine Schule in der Türkei. Sie unterrichten dort deutsche Kinder. Marion fragt sich, ob Tobias und sie in zwei Jahren noch Freunde sein werden.

42 Wörter

1. Lernschritt

➔ *Lies die folgenden Sätze aufmerksam durch.*

➔ *Ist die Aussage inhaltlich richtig? Dann kreuze die Aussage an.*

(!) *Achtung: Du darfst nicht mehr im Text nachlesen!*

Knicke das Blatt entlang dieser Linie nach hinten.

Richtig 

		Richtig
1	Marion ist traurig.	
2	Ihr Freund Thomas zieht weg.	
3	Tobias ist ihr Schulfreund.	
4	Seine Eltern sind Lehrer.	
5	Sie gehen für drei Jahre an eine Schule in Indien.	
6	Sie unterrichten in der Türkei deutsche Kinder.	
7	Marion fragt sich, wie Tobias in zwei Jahren aussehen wird.	
8	Marion fragt sich, ob Tobias in zwei Jahren noch mit ihr befreundet sein wird.	

12 Trennung auf Zeit

2. Lernschritt

Beantworte die folgenden Fragen zum Lesetext sinngemäß in vollständigen Sätzen.

oder:

Unterstreiche im Lesetext die passenden Antworten. Schreibe am Rand den dazugehörigen Buchstaben daneben.

a) Wer zieht weg?

b) Was sind Tobias Eltern?

c) Wen unterrichten sie in der Türkei?

d) Was fragt Marion sich?

Zusatzaufgaben

- *Kennt ihr Menschen, die ins Ausland gezogen sind, um dort zu arbeiten?*
- *Wie würdest du es finden, mit deinen Eltern ins Ausland zu ziehen? Schreibe zwei kurze Sätze, z.B. „Ich würde es _____ finden, weil _____ ...*

KOHL VERLAG Der Leseprofi / Klasse 2 Intensives Training des sinnerfassenden Lesens – Bestell-Nr. 16 762

13 Ein Tag im Europa-Park

Jens darf sich zu seinem Geburtstag etwas wünschen. Dieses Jahr hat er sich einen Ausflug in den Europa-Park gewünscht. Das ist ein Abenteuerpark, der in verschiedene Bereiche aufgeteilt ist. Jeder Bereich steht für ein Land. Es gibt dort eine tolle Wildwasserbahn. Jens ist schon ganz aufgeregt.

49 Wörter

1. Lernschritt

➔ *Lies die folgenden Sätze aufmerksam durch.*

➔ *Ist die Aussage inhaltlich richtig? Dann kreuze die Aussage an.*

(!) *Achtung: Du darfst nicht mehr im Text nachlesen!*

- -

Knicke das Blatt entlang dieser Linie nach hinten.

		Richtig X
1	Jens darf sich zu Weihnachten etwas wünschen.	
2	Dieses Jahr hat er sich einen Ausflug ans Meer gewünscht.	
3	Der Europa-Park ist ein Abenteuerpark.	
4	Er ist in verschiedene Bereiche aufgeteilt.	
5	Jeder Bereich steht für ein Land.	
6	Es gibt dort ein tolles Karussell.	
7	Tobias will auf die Wildwasserbahn.	
8	Jens ist schon ganz aufgeregt.	

13 Ein Tag im Europa-Park

2. Lernschritt *Beantworte die folgenden Fragen zum Lesetext sinngemäß in vollständigen Sätzen.*

oder:

Unterstreiche im Lesetext die passenden Antworten. Schreibe am Rand den dazugehörigen Buchstaben daneben.

a) Wann darf Jens sich etwas wünschen?

b) Was hat er sich dieses Jahr gewünscht?

c) Wie ist der Europa-Park aufgeteilt?

d) Wofür steht ein Bereich?

e) Wie fühlt sich Jens schon?

Zusatzaufgaben

- *Berichtet von den Möglichkeiten, die ein Abenteuerpark seinen Besuchern noch bietet.*
- *Findest du Wildwasserbahn fahren auch toll? Berichte.*

KOHL VERLAG Der Leseprofi / Klasse 2 Intensives Training des sinnerfassenden Lesens – Bestell-Nr. 16 762

14 Spieleabend

Die Familie Hartmann macht jeden Freitag einen Spieleabend. Gespielt wird im Wohnzimmer. Nur heute ist es nicht so. Als Tim ins Zimmer kommt, stehen keine Spiele auf dem Tisch. Die Eltern sitzen vor dem Fernseher. Sie schauen die Fußballweltmeisterschaft. Tim hatte die Fußballweltmeisterschaft vergessen.

44 Wörter

1. Lernschritt

➔ *Lies die folgenden Sätze aufmerksam durch.*

➔ *Ist die Aussage inhaltlich richtig? Dann kreuze die Aussage an.*

(!) *Achtung: Du darfst nicht mehr im Text nachlesen!*

- -

Knicke das Blatt entlang dieser Linie nach hinten.

Richtig 

1	Familie Hartmann macht jeden Freitag einen Spieleabend.	
2	Gespielt wird im Kinderzimmer.	
3	Heute ist das auch so.	
4	Als Tim ins Zimmer kommt, stehen keine Spiele auf dem Tisch.	
5	Die Eltern sitzen vor dem Computer.	
6	Sie schauen sich einen Spielfilm an.	
7	Tim hatte die Fußballweltmeisterschaft vergessen.	
8	Tim ist enttäuscht.	

14 Spieleabend

2. Lernschritt *Beantworte die folgenden Fragen zum Lesetext sinngemäß in vollständigen Sätzen.*

oder:

Unterstreiche im Lesetext die passenden Antworten. Schreibe am Rand den dazugehörigen Buchstaben daneben.

a) Was macht Familie Hartmann jeden Freitag?

b) Was ist, als Tim ins Zimmer kommt?

c) Wo sitzen die Eltern?

d) Was schauen die Eltern?

e) Was hatte Tim vergessen?

Zusatzaufgaben

- *Interessiert ihr euch auch für eine Fußballweltmeisterschaft? Was hat euch besonders gefallen?*
- *Wie verbringt ihr eure Freitagabende in der Familie?*

15 Ein ungewöhnliches Hobby

Ann-Katrin ist zehn Jahre alt. Ihre Freundinnen haben die unterschiedlichsten Hobbys. Sie reiten, schwimmen, turnen, sammeln Dinge oder malen. Carmen hat ein ungewöhnliches Hobby. Sie angelt jeden Samstag. Dazu fährt sie mit ihrem Vater und Großvater an den nahen Baggersee.

40 Wörter

1. Lernschritt

➔ *Lies die folgenden Sätze aufmerksam durch.*

➔ *Ist die Aussage inhaltlich richtig? Dann kreuze die Aussage an.*

(!) *Achtung: Du darfst nicht mehr im Text nachlesen!*

Knicke das Blatt entlang dieser Linie nach hinten.

		Richtig X
1	Ann-Katrin ist acht Jahre alt.	
2	Ihre Freundinnen haben die unterschiedlichsten Hobbys.	
3	Sie spielen Tennis, Fußball, Handball oder sie basteln.	
4	Ann-Katrin hat ein ganz normales Hobby.	
5	Sie angelt jeden Samstag.	
6	Sie fährt mit ihrem Vater und Großvater angeln.	
7	Sie angeln im nahen Fluss.	
8	Sie angeln am nahen Baggersee.	

15 Ein ungewöhnliches Hobby

2. Lernschritt

Beantworte die folgenden Fragen zum Lesetext sinngemäß in vollständigen Sätzen.

oder:

Unterstreiche im Lesetext die passenden Antworten. Schreibe am Rand den dazugehörigen Buchstaben daneben.

a) Wie alt ist Ann-Katrin?

b) Welche Hobbys haben ihre Freundinnen?

c) Welches Hobby hat Ann-Katrin?

d) Mit wem fährt sie angeln?

e) Wohin fahren sie zum Angeln?

Zusatzaufgaben

- *Welche Hobbys habt ihr?*
- *Erkläre in kurzen Sätzen, was angeln ist.*

Der Leseprofi / Klasse 2
Intensives Training des sinnerfassenden Lesens – Bestell-Nr. 16 762
KOHL VERLAG

16 Der Blitz

Vor kurzem war Marco mit seinem Vater im Auto unterwegs. Plötzlich blitzte es. Vater war zu schnell gefahren. Deshalb hatte die Radarfalle ein Foto von ihm gemacht. Marco steht gerade in der Speisekammer und nascht von der Schokolade. Obwohl die Mutter das verboten hat. Plötzlich erstrahlt ein Blitz am Himmel. Marco sagt: „Radarfalle! Jetzt hat der liebe Gott mich wegen des verbotenen Naschens auch fotografiert."

65 Wörter

1. Lernschritt

- *Lies die folgenden Sätze aufmerksam durch.*
- *Ist die Aussage inhaltlich richtig? Dann kreuze die Aussage an.*

(!) *Achtung: Du darfst nicht mehr im Text nachlesen!*

Knicke das Blatt entlang dieser Linie nach hinten.

Richtig 

Nr.	Aussage	Richtig
1	Vor kurzem war Marco mit seinem Opa im Auto unterwegs.	
2	Plötzlich fing es an zu regnen.	
3	Vater war zu schnell gefahren.	
4	Die Radarfalle hatte ein Foto von ihm gemacht.	
5	Marco steht gerade in der Küche und nascht von dem Kuchen.	
6	Die Mutter hat das Naschen verboten.	
7	Ein Blitz erstrahlt am Himmel.	
8	Der liebe Gott hat Marco einen Strafzettel ausgestellt.	

Der Blitz

2. Lernschritt

Beantworte die folgenden Fragen zum Lesetext sinngemäß in vollständigen Sätzen.

oder:

Unterstreiche im Lesetext die passenden Antworten. Schreibe am Rand den dazugehörigen Buchstaben daneben.

a) Wer war mit seinem Vater im Auto unterwegs?

b) Weshalb hatte die Radarfalle ein Foto von Vater gemacht?

c) Was tut Marco in der Speisekammer?

d) Was hat die Mutter?

e) Was hat der liebe Gott mit Marco getan?

Zusatzaufgaben

- *Da hat Marco wohl etwas total falsch verstanden. Was?*
- *Wo sitzt du, wenn du mit deinen Eltern im Auto unterwegs bist? Schreibe es auf.*

Der Leseprofi / Klasse 2 – Bestell-Nr. 16 762
Intensives Training des sinnerfassenden Lesens
KOHL VERLAG

17 Mensch ärgere dich nicht

Jeden Sonntagabend ist bei uns Spieleabend. Mama, Papa, Verena und ich spielen dann „Mensch ärgere dich nicht". Immer wenn Verena verliert, wird sie fürchterlich wütend. Irgendwann werde ich nicht mehr mit ihr spielen.

33 Wörter

1. Lernschritt

➔ *Lies die folgenden Sätze aufmerksam durch.*

➔ *Ist die Aussage inhaltlich richtig? Dann kreuze die Aussage an.*

(!) *Achtung: Du darfst nicht mehr im Text nachlesen!*

- -

Knicke das Blatt entlang dieser Linie nach hinten.

Richtig 

		Richtig
1	Jeden Sonntagabend ist bei uns Videoabend.	
2	Der Spieleabend ist jeden Sonntagabend.	
3	Mama, Papa, Verena und ich spielen.	
4	Wir spielen dann „Monopoly".	
5	Wir spielen dann „Mensch ärgere dich nicht".	
6	Immer, wenn Verena verliert, zuckt sie nur mit den Schultern.	
7	Verena wird fürchterlich wütend.	
8	Irgendwann werde ich nicht mehr mit ihr spielen.	

17 Mensch ärgere dich nicht

2. Lernschritt

Beantworte die folgenden Fragen zum Lesetext sinngemäß in vollständigen Sätzen.

oder:

Unterstreiche im Lesetext die passenden Antworten. Schreibe am Rand den dazugehörigen Buchstaben daneben.

a) Was ist bei uns jeden Sonntagabend?

b) Wer spielt mit?

c) Was wird gespielt?

d) Was wird Verena, wenn sie verliert?

e) Was werde ich irgendwann nicht mehr?

Zusatzaufgaben

- *Wie denkt ihr darüber, wenn jemand wegen eines verlorenen Spieles einen Wutanfall bekommt?*

Der Leseprofi / Klasse 2
Intensives Training des sinnerfassenden Lesens – Bestell-Nr. 16 762
KOHL VERLAG

18 Pech

Gestern wurde in Neustadt die Bank überfallen. Der Räuber kann nur aus dieser Stadt kommen. Der junge Polizist hat eine Idee, wie er den Räuber erwischen könnte. Der Polizist lässt in der Zeitung schreiben, dass der Räuber zehntausend Euro gestohlen hat. Der Räuber hatte aber nur sechstausend Euro bei sich, als er nach Hause kam. Als die Frau des Räubers die Zeitung las, schnappte sie sich ihre Bratpfanne und schlug ihren Mann windelweich. Dieser flüchtete zur Polizei, um seine Frau wegen Körperverletzung anzuzeigen.

84 Wörter

1. Lernschritt

➔ *Lies die folgenden Sätze aufmerksam durch.*

➔ *Ist die Aussage inhaltlich richtig? Dann kreuze die Aussage an.*

(!) *Achtung: Du darfst nicht mehr im Text nachlesen!*

Knicke das Blatt entlang dieser Linie nach hinten.

Richtig 

		Richtig
1	Gestern wurde in Neustadt die Bank überfallen.	
2	Der Räuber kann nur aus der Stadt kommen.	
3	Der junge Polizist hat eine Idee, wie er den Räuber erwischen könnte.	
4	Fünf Tage später kommt er mit dem Räuber.	
5	Der Räuber ist sehr betrunken.	
6	Der Polizist lässt in der Zeitung schreiben, dass der Räuber 10.000 Euro gestohlen hat.	
7	Der Räuber hatte nur Schmuck gestohlen.	
8	Die Frau schlug ihren Mann mit der Bratpfanne windelweich.	

18 Pech

2. Lernschritt

Beantworte die folgenden Fragen zum Lesetext sinngemäß in vollständigen Sätzen.

oder:

Unterstreiche im Lesetext die passenden Antworten. Schreibe am Rand den dazugehörigen Buchstaben daneben.

a) Was wurde gestern in Neustadt überfallen?

b) Woher kann der Räuber nur kommen?

c) Wer hat eine Idee?

d) Was lässt der Polizist in die Zeitung schreiben?

e) Was machte die Frau des Räubers?

Zusatzaufgaben

- *Wieso schlug die Frau des Räubers ihn mit der Bratpfanne windelweich? Diskutiert.*

19 Geschäfte

Marion und Lionel haben an der Straße einen Stand mit Getränken und Brötchen aufgestellt. Auf einem großen Plakat steht: „Gedränge und Prödchen". Es herrscht großer Andrang. Alle Nachbarn wollen etwas bei ihnen kaufen. Aber Frau Roth sagt: „Ihr habt Getränke und Brötchen auf eurem Plakat falsch geschrieben!" Marion antwortet: „Nein, das ist so schon richtig. Jeder der vorbeikommt, sagt uns das. Und keiner geht ohne etwas zu trinken und zu essen. So macht man Geschäfte!"

75 Wörter

1. Lernschritt

➔ *Lies die folgenden Sätze aufmerksam durch.*

➔ *Ist die Aussage inhaltlich richtig? Dann kreuze die Aussage an.*

(!) *Achtung: Du darfst nicht mehr im Text nachlesen!*

Knicke das Blatt entlang dieser Linie nach hinten.

Richtig 

		Richtig
1	Marion und Lionel haben einen Stand mit Getränken und Brötchen aufgestellt.	
2	Sie haben auf eine Tafel „Kaffee und Kuchen" geschrieben.	
3	Es herrscht großer Andrang.	
4	Der Stand ist wie ausgestorben.	
5	Niemand möchte etwas kaufen.	
6	Marion und Lionel machen betrübte Gesichter.	
7	Frau Roth sagt ihnen, dass sie Getränke und Brötchen falsch geschrieben haben.	
8	„So macht man Geschäfte!", erklärt Marion.	

19 Geschäfte

2. Lernschritt

Beantworte die folgenden Fragen zum Lesetext sinngemäß in vollständigen Sätzen.

oder:

Unterstreiche im Lesetext die passenden Antworten. Schreibe am Rand den dazugehörigen Buchstaben daneben.

a) Was haben Marion und Lionel an der Straße aufgestellt?

b) Was herrscht am Stand?

c) Was wollen alle Nachbarn?

d) Wer sagt ihnen, was sie falsch geschrieben haben?

e) Was antwortet Marion Frau Roth?

Zusatzaufgaben

- *Womit machen Marion und Lionel Geschäfte?*
- *Wie könnte Frau Roth reagiert haben? Schreibe es auf.*

Der Leseprofi / Klasse 2
Intensives Training des sinnerfassenden Lesens – Bestell-Nr. 16 762
KOHL VERLAG

20 Der Besuch

Tante Hanna kommt zu Besuch und stellt ihren Koffer ab. Sie stöhnt, weil der Koffer so schwer ist. Dann fragt sie Julia: „Hilfst du denn immer fleißig deiner Mutter?" Die Kleine antwortet ganz offen: „Sicher! Ich zähle immer die Silberlöffel, wenn du wieder weg bist."

45 Wörter

1. Lernschritt

- ➔ *Lies die folgenden Sätze aufmerksam durch.*
- ➔ *Ist die Aussage inhaltlich richtig? Dann kreuze die Aussage an.*

(!) *Achtung: Du darfst nicht mehr im Text nachlesen!*

- -

Knicke das Blatt entlang dieser Linie nach hinten.

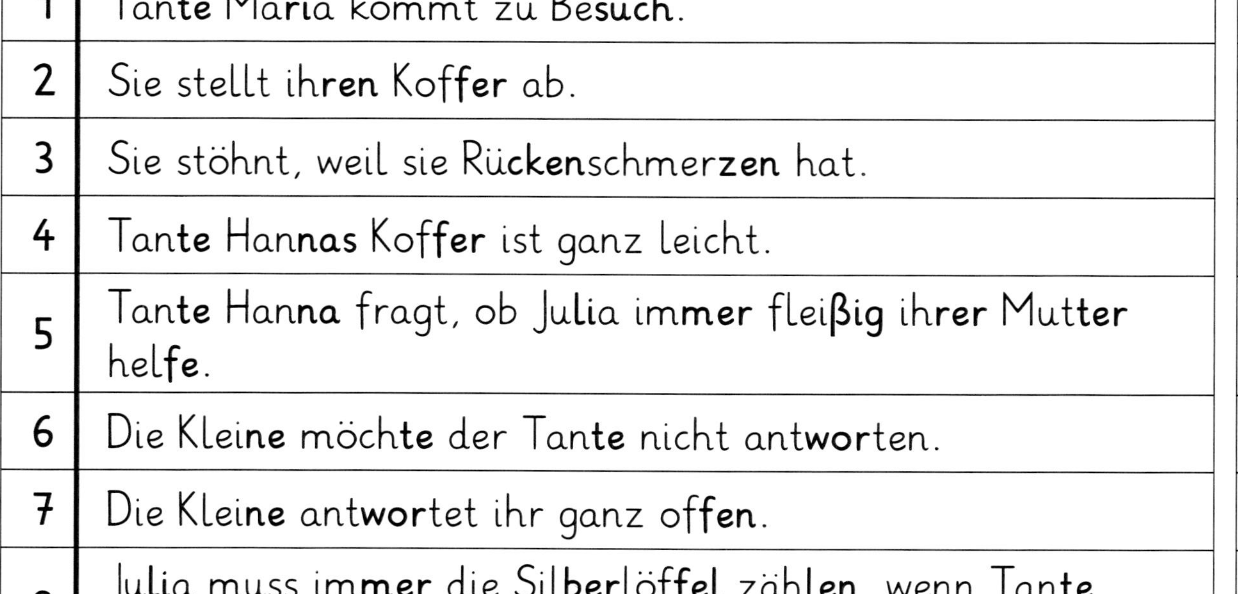

		Richtig X
1	Tante Maria kommt zu Besuch.	
2	Sie stellt ihren Koffer ab.	
3	Sie stöhnt, weil sie Rückenschmerzen hat.	
4	Tante Hannas Koffer ist ganz leicht.	
5	Tante Hanna fragt, ob Julia immer fleißig ihrer Mutter helfe.	
6	Die Kleine möchte der Tante nicht antworten.	
7	Die Kleine antwortet ihr ganz offen.	
8	Julia muss immer die Silberlöffel zählen, wenn Tante Hanna wieder weg ist.	

Der Besuch

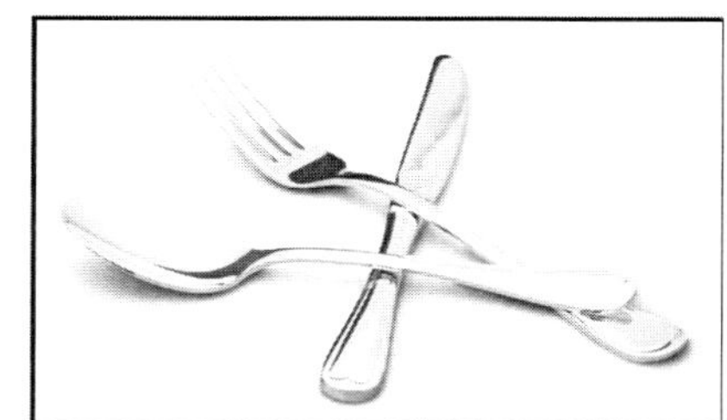

2. Lernschritt

Beantworte die folgenden Fragen zum Lesetext sinngemäß in vollständigen Sätzen.

oder:

Unterstreiche im Lesetext die passenden Antworten. Schreibe am Rand den dazugehörigen Buchstaben daneben.

a) Wer kommt zu Besuch?

b) Was stellt Tante Hanna ab?

c) Warum stöhnt Tante Hanna?

d) Was fragt sie Julia?

e) Was antwortet Julia ihrer Tante?

Zusatzaufgaben

- *Was haltet ihr von Julias Antwort? Diskutiert.*
- *Wer kommt euch besuchen? Schreibe in einem vollständigen Satz auf.*

Der Leseprofi / Klasse 2
Intensives Training des sinnerfassenden Lesens – Bestell-Nr. 16 762
KOHL VERLAG

21 Der Rummelplatz

Anton ist ein verträumter Junge. Er vergisst viel. Seine Schwester sagt: „Du träumst mit offenen Augen." So war es auch am Sonntag. Auf dem Rummelplatz wollte er mit dem Riesenrad fahren. Gedankenverloren lief er durch die Absperrung und setzte sich. Die Fahrt war herrlich. Erst als er ausstieg bemerkte er, dass er keinen Fahrschein gekauft hatte. Zum Glück war er nicht erwischt worden.

63 Wörter

1. Lernschritt

➔ *Lies die folgenden Sätze aufmerksam durch.*

➔ *Ist die Aussage inhaltlich richtig? Dann kreuze die Aussage an.*

(!) *<u>Achtung</u>: Du darfst nicht mehr im Text nachlesen!*

- -

Knicke das Blatt entlang dieser Linie nach hinten.

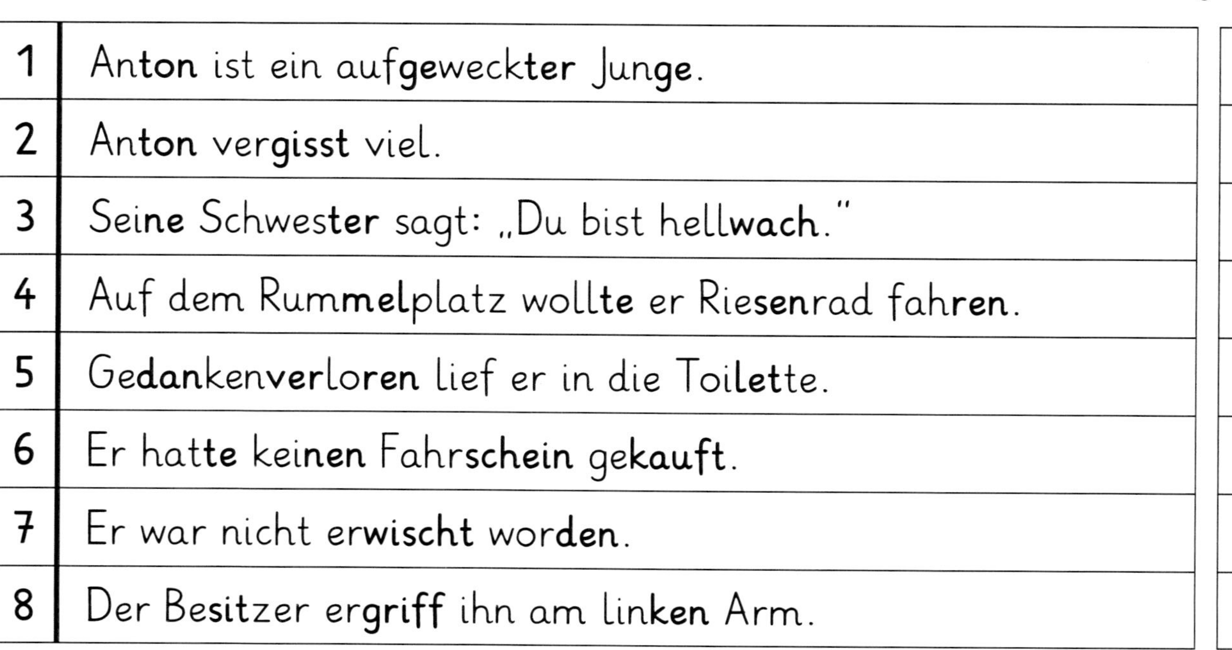

Nr.	Aussage	Richtig X
1	Anton ist ein aufgeweckter Junge.	
2	Anton vergisst viel.	
3	Seine Schwester sagt: „Du bist hellwach."	
4	Auf dem Rummelplatz wollte er Riesenrad fahren.	
5	Gedankenverloren lief er in die Toilette.	
6	Er hatte keinen Fahrschein gekauft.	
7	Er war nicht erwischt worden.	
8	Der Besitzer ergriff ihn am linken Arm.	

21 Der Rummelplatz

2. Lernschritt

Beantworte die folgenden Fragen zum Lesetext sinngemäß in vollständigen Sätzen.

oder:

Unterstreiche im Lesetext die passenden Antworten. Schreibe am Rand den dazugehörigen Buchstaben daneben.

a) Was sagt seine Schwester?

b) Was wollte er am Sonntag?

c) Wie ging er durch die Absperrung?

d) Was bemerkte er, als er ausstieg?

e) Was passierte zum Glück nicht?

Zusatzaufgaben

- *Welche Erlebnisse hattet ihr schon auf dem Rummelplatz? Erzählt.*
- *Kennst du ein anderes Wort für Rummelplatz? Erkläre den Namen.*

Der Leseprofi / Klasse 2 – Intensives Training des sinnerfassenden Lesens – Bestell-Nr. 16 762
KOHL VERLAG

22 Chefsache

Katja hat heute ihren ersten Arbeitstag im Luxushotel am See. Sie soll den ganzen Tag die Telefongespräche annehmen. Der Chef gibt ihr immer wieder gute Ratschläge. Da klingelt das Telefon erneut. Katja nimmt ab und antwortet dem Gast: „Nein, tut uns leid. Das haben wir hier nicht!" Der Chef nimmt ihr den Hörer aus der Hand und sagt hinein: „Sicher haben wir das. Bei uns gibt es alles." Als das Gespräch beendet ist, rügt der Chef Katja: „Denke daran, man sagt nicht, dass wir etwas nicht haben!" Katja fragt: „Auch wenn der Gast wissen wollte, ob wir schlechtes Wetter haben?"

100 Wörter

1. Lernschritt

➔ *Lies die folgenden Sätze aufmerksam durch.*

➔ *Ist die Aussage inhaltlich richtig? Dann kreuze die Aussage an.*

(!) *Achtung: Du darfst nicht mehr im Text nachlesen!*

Knicke das Blatt entlang dieser Linie nach hinten.

Richtig X

1	Katja hat heute ihren ersten Arbeitstag im Gasthaus am Meer.	
2	Sie soll den ganzen Tag Getränke servieren.	
3	Der Chef gibt ihr immer wieder gute Ratschläge.	
4	Katja nimmt das Telefon ab und antwortet: „Nein, tut uns leid. Das haben wir hier nicht!"	
5	Der Chef nimmt ihr das Tablett aus der Hand.	
6	Er sagt: „Nein, das haben wir leider nicht."	
7	Nach dem Gespräch rügt der Chef Katja.	
8	Katja fragt: „Auch wenn der Gast wissen wollte, ob es hier einen Flugplatz gibt?"	

22 Chefsache

2. Lernschritt *Beantworte die folgenden Fragen zum Lesetext sinngemäß in vollständigen Sätzen.*

<u>oder</u>:

Unterstreiche im Lesetext die passenden Antworten. Schreibe am Rand den dazugehörigen Buchstaben daneben.

a) Was hat Katja heute?

b) Was soll sie den ganzen Tag machen?

c) Was antwortet Katja dem Gast am Telefon?

d) Was sagt der Chef, als er Katja den Hörer aus der Hand nimmt und dem Gast antwortet?

e) Was fragt Katja den Chef zum Schluss?

Zusatzaufgabe *Was hat der Chef da falsch verstanden? Erklärt es.*

KOHL VERLAG Der Leseprofi / Klasse 2 Intensives Training des sinnerfassenden Lesens – Bestell-Nr. 16 762

23 Die Wunderbärchen

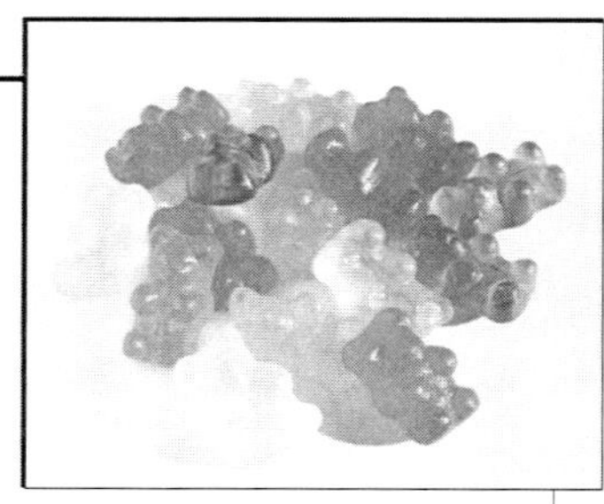

Zwei Reisende sitzen auf einer langen Busfahrt nebeneinander. Herr Müller isst die ganze Zeit Gummibärchen. Herr Lauer schaut ihm verwundert zu. Irgendwann fragt er Herrn Müller neugierig: „Warum essen Sie eigentlich die ganze Zeit Gummibärchen? Ihnen wird doch schlecht." „Nein bestimmt nicht. Das sind Wunderbärchen. Je mehr man isst, desto schlauer wird man! Ich verkaufe Ihnen zehn Stück für 10 Euro", antwortet Herr Müller. Herr Lauer bezahlt und fängt an zu essen. Plötzlich sagt er: „10 Euro für 10 Gummibärchen sind sehr teuer." Herr Müller antwortet: „Sehen Sie? Die Gummibärchen wirken schon."

92 Wörter

1. Lernschritt

➔ *Lies die folgenden Sätze aufmerksam durch.*

➔ *Ist die Aussage inhaltlich richtig? Dann kreuze die Aussage an.*

(!) *Achtung: Du darfst nicht mehr im Text nachlesen!*

- -

Knicke das Blatt entlang dieser Linie nach hinten.

Richtig 

1	Zwei Bauern sitzen bei einer langen Zugfahrt nebeneinander.	
2	Herr Müller isst die ganze Zeit Wurstbrote.	
3	Herr Lauer schaut ihm verwundert zu.	
4	Herr Lauer möchte wissen, warum Herr Müller die ganze Zeit Gummibärchen isst.	
5	„Das sind Wunderbärchen, die schlau machen", erklärt Herr Müller.	
6	Er verkauft Herrn Lauer 10 Gummibärchen für zwei Euro.	
7	Herr Lauer findet das nach einer Weile sehr teuer.	
8	„Die Gummibärchen wirken schon", findet Herr Müller.	

23 Die Wunderbärchen

2. Lernschritt

Beantworte die folgenden Fragen zum Lesetext sinngemäß in vollständigen Sätzen.

oder:

Unterstreiche im Lesetext die passenden Antworten. Schreibe am Rand den dazugehörigen Buchstaben daneben.

a) Wo sitzen die beiden Reisenden nebeneinander?

b) Wie schaut Herr Lauer ihm zu?

c) Was fragt er Herrn Müller?

d) Welche besonderen Gummibärchen hat er?

e) Wie viele Gummibärchen verkauft er Herrn Lauer?

f) Was soll man angeblich von den Gummibärchen werden?

Zusatzaufgabe

Wie hat Herr Müller den Herrn Lauer „übers Ohr gehauen"? Erklärt.

Der Leseprofi / Klasse 2 – Bestell-Nr. 16 762
Intensives Training des sinnerfassenden Lesens
KOHL VERLAG

24 Zahnpflege

Paolo ist ein sorgfältiger Junge. Nur Zähne putzen mag er nicht. Jeden Abend versucht er, sich davor zu drücken. Gestern war er mit seiner Mutter beim Zahnarzt. Dieser erklärte Paolo, warum es so wichtig ist, sich regelmäßig und sorgfältig die Zähne zu putzen.

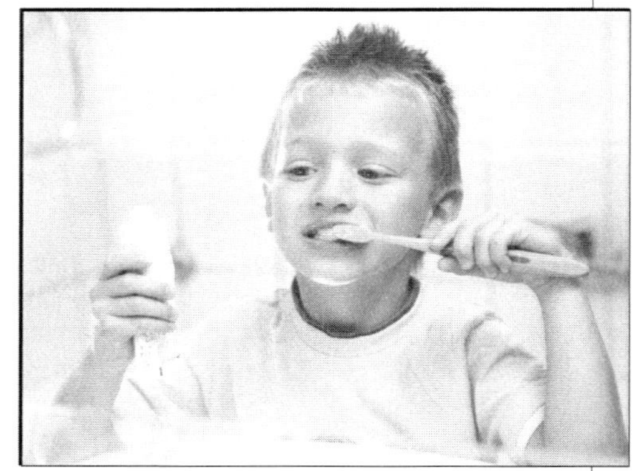

43 Wörter

1. Lernschritt

→ *Lies die folgenden Sätze aufmerksam durch.*

→ *Ist die Aussage inhaltlich richtig? Dann kreuze die Aussage an.*

(!) *Achtung: Du darfst nicht mehr im Text nachlesen!*

Knicke das Blatt entlang dieser Linie nach hinten.

		Richtig X
1	Max ist ein sorgfältiger Junge.	
2	Nur Zähne putzen mag er nicht.	
3	Paolo mag es nicht, sich zu kämmen.	
4	Jeden Morgen versucht er sich davor zu drücken.	
5	Gestern war er mit seinem Vater beim Zahnarzt.	
6	Vater hatte ganz gesunde Zähne.	
7	Dieser erklärte Paolo, warum es so wichtig ist, sich regelmäßig und sorgfältig die Zähne zu putzen.	
8	Marco versprach, sie fortan regelmäßiger zu putzen.	

24 Zahnpflege

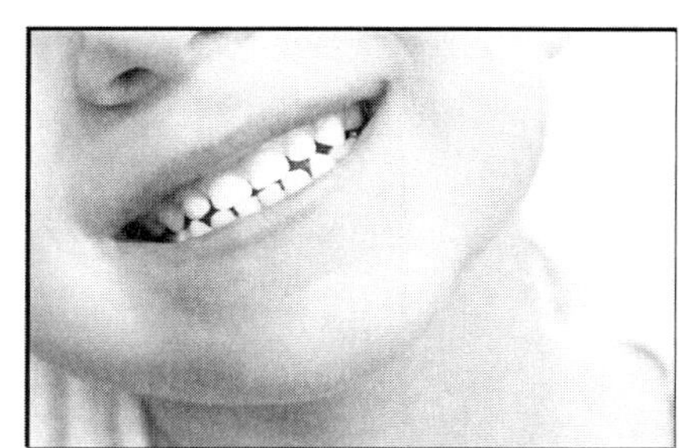

2. Lernschritt

Beantworte die folgenden Fragen zum Lesetext sinngemäß in vollständigen Sätzen.

oder:

Unterstreiche im Lesetext die passenden Antworten. Schreibe am Rand den dazugehörigen Buchstaben daneben.

a) Was ist Paolo?

b) Was versucht er jeden Abend?

c) Wo war er gestern?

d) Was erklärte dieser Paolo?

Zusatzaufgaben

- *Warum ist es so wichtig, sich regelmäßig und sorgfältig die Zähne zu putzen? Findet gemeinsam Gründe.*
- *Wann war dein letzter Zahnarztbesuch? Schreibe zwei Sätze dazu.*

Der Leseprofi / Klasse 2
Intensives Training des sinnerfassenden Lesens – Bestell-Nr. 16 762
KOHL VERLAG

25 Sophia ist krank

Sophia geht heute nicht in die Schule. Sie hat starke Halsschmerzen. Sie kann nur schlecht schlucken. Papa kann nicht zur Arbeit fahren, er kümmert sich um Sophia. Am Vormittag kommt der Kinderarzt. Er untersucht Sophia. „Zeig mir mal deine Zunge", sagt er zu ihr. Sie macht den Mund so weit auf wie sie kann und streckt die Zunge weit heraus. „Du hast einen geschwollenen Hals und deine Mandeln sind ganz rot." Der Arzt schreibt etwas auf ein Rezept. Dann gibt er das Blatt dem Vater und sagt: „Sophia bleibt erstmal zuhause. Sie muss morgens und abends eine Tablette schlucken. Es wird ihr bald besser gehen." Sophia lächelt gequält.

108 Wörter

1. Lernschritt

- ➔ *Lies die folgenden Sätze aufmerksam durch.*
- ➔ *Ist die Aussage inhaltlich richtig? Dann kreuze die Aussage an.*

(!) *Achtung: Du darfst nicht mehr im Text nachlesen!*

- -

Knicke das Blatt entlang dieser Linie nach hinten.

Richtig 

		Richtig
1	Sophia geht heute nicht in die Schule.	
2	Sie hat starke Halsschmerzen und kann nicht gut schlucken.	
3	Der Vater ruft von der Arbeit aus den Kinderarzt an.	
4	„Zeig mir mal deine Mandeln", sagt der Arzt zu ihr.	
5	Der Arzt schreibt etwas auf ein Rezept.	
6	Der Arzt sagt: „Sophia muss morgens und abends eine Tablette schlucken."	
7	Der Vater meint, es würde dauern, bis es Sophia besser geht.	
8	Sophia lächelt gequält.	

25 Sophia ist krank

2. Lernschritt

Beantworte die Fragen zum Lesetext sinngemäß in vollständigen Sätzen.

oder:

Unterstreiche im Lesetext die passenden Antworten. Schreibe am Rand den dazugehörigen Buchstaben daneben.

a) Warum geht Sophia heute nicht in die Schule?

b) Wer kommt am Vormittag zu Sophia?

c) Was möchte der Kinderarzt von Sophia? Was sagt er zu ihr?

d) Was stellt der Kinderarzt fest, als Sophia den Mund weit aufmacht?

e) Der Kinderarzt drückt dem Vater ein Rezept in die Hand. Was sagt er zu ihm?

Der Leseprofi / Klasse 2 – Bestell-Nr. 16 762
Intensives Training des sinnerfassenden Lesens
KOHL VERLAG

26 Mais

Mais stammt aus Mittelamerika. Die Maiskörner wachsen an einem Kolben. Bis die Körner reif sind, ist der Kolben von Blättern umhüllt. Die Maispflanze wird etwa zwei Meter hoch. Mais wird Ende April oder Anfang Mai gesät. Am besten gedeiht er, wenn es schön warm ist. Die Frucht wird gerne als Tierfutter verwendet. Wir Menschen essen aber auch gerne Mais. Für unsere Ernährung wird der Mais oft zu Speisestärke verarbeitet. Dabei bleibt ein Öl übrig, das man für Salatöl, Margarine oder Mayonnaise nutzt. Der süße Mais für Cornflakes, Gemüse oder Popcorn wird in Südeuropa angebaut. Heute ist Mais die wichtigste Getreidepflanze nach Weizen und Reis. Aus Mais wird übrigens sogar Wärme und Energie gewonnen!

113 Wörter

1. Lernschritt

- *Lies die folgenden Sätze aufmerksam durch.*
- *Ist die Aussage inhaltlich richtig? Dann kreuze die Aussage an.*

(!) *Achtung: Du darfst nicht mehr im Text nachlesen!*

Knicke das Blatt entlang dieser Linie nach hinten.

Richtig 

Nr.	Aussage	Richtig
1	Mais stammt aus Mitteleuropa.	
2	Die Maispflanze wächst etwa zwei Meter hoch.	
3	Die Maisfrucht wird gerne als Tierfutter verwendet.	
4	Wir Menschen essen Mais aber auch gerne.	
5	Aus Mais kann man auch Salatöl oder Margarine herstellen.	
6	Der saure Mais für Gemüse oder Popcorn wird in Nordeuropa angebaut.	
7	Mais ist heute nicht mehr eine so wichtige Getreidepflanze.	
8	Aus Mais kann man sogar Wärme und Energie gewinnen!	

26 Mais

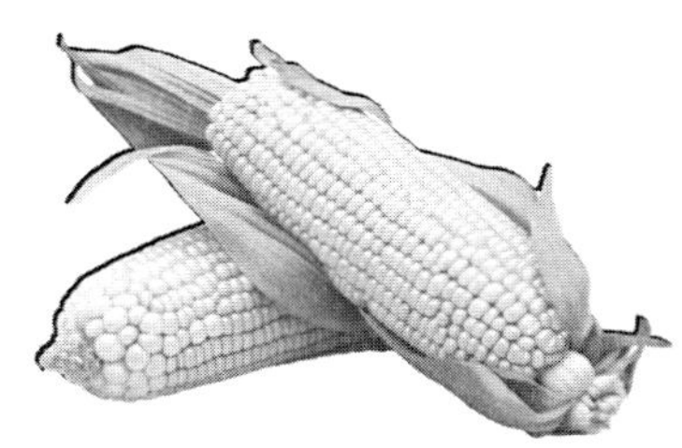

2. Lernschritt

Beantworte die folgenden Fragen zum Lesetext sinngemäß in vollständigen Sätzen.

oder:

Unterstreiche im Lesetext die passenden Antworten. Schreibe am Rand den dazugehörigen Buchstaben daneben.

a) Aus welcher Region der Welt kommt Mais ursprünglich?

b) Wie hoch wächst eine Maispflanze?

c) Wir Menschen essen gerne Mais. Wozu wird Mais aber auch verwendet?

d) Bei der Verarbeitung von Mais zu Speisestärke bleibt ein Öl übrig. In welchen Lebensmitteln wird dieses Öl benutzt?

e) Wo wird der süße Mais angebaut, der in Cornflakes zu finden ist?

e) Was kann man auch aus Mais gewinnen?

Der Leseprofi / Klasse 2
Intensives Training des sinnerfassenden Lesens – Bestell-Nr. 16 762
KOHL VERLAG

27 Wie Wolken entstehen

„Wie entstehen eigentlich Wolken?", fragt Luis seine Mutter. Mama denkt kurz nach, dann antwortet sie. „Immer wenn die Sonne scheint, verdunstet Wasser aus Seen, Flüssen und Meeren. Dabei wird das Wasser zu Wasserdampf. Die leichte warme Luft steigt nach oben und nimmt den Wasserdampf mit. Oben ist die Luft viel kühler als bei uns unten. Dort werden aus dem Wasserdampf kleine Wassertropfen. Wenn das Wasser noch weiter am Himmel aufsteigt, entstehen sogar Eiskristalle. Die vielen Wassertropfen bilden Wolken. Wenn die Wassertropfen in den Wolken zu groß und zu schwer werden, fallen sie Richtung Boden. Es beginnt zu regnen." Luis staunt. Er schaut Richtung Himmel und betrachtet die grauen Wolken, die langsam weiterziehen.

112 Wörter

1. Lernschritt

- *Lies die folgenden Sätze aufmerksam durch.*
- *Ist die Aussage inhaltlich richtig? Dann kreuze die Aussage an.*

(!) *Achtung: Du darfst nicht mehr im Text nachlesen!*

- -

Knicke das Blatt entlang dieser Linie nach hinten.

Richtig 

		Richtig X
1	Luis will von seiner Mutter wissen, wie Wolken entstehen.	
2	Immer wenn die Sonne scheint, verdunstet Wasser.	
3	Die leichte warme Luft bleibt am Boden liegen.	
4	Oben ist die Luft viel kühler als bei uns unten.	
5	Dort wird das Wasser sofort zu Eis.	
6	Die vielen Wassertropfen bilden Wolken.	
7	Wenn die Sonne auf die Wolke scheint, beginnt es zu regnen.	
8	Luis betrachtet erstaunt die grauen Wolken am Himmel.	

27 Wie Wolken entstehen

2. Lernschritt

Beantworte die folgenden Fragen zum Lesetext sinngemäß in vollständigen Sätzen.

oder:

Unterstreiche im Lesetext die passenden Antworten. Schreibe am Rand den dazugehörigen Buchstaben daneben.

a) Was möchte Luis von seiner Mutter wissen?

b) Wie kommt das Wasser in den Himmel?

c) Wie ist die Luft oben im Himmel im Vergleich zu unten?

d) Was bilden die vielen gebildeten Wassertropfen im Himmel?

e) Was passiert, wenn die Wassertropfen in den Wolken zu groß und zu schwer werden?

Der Leseprofi / Klasse 2 – Bestell-Nr. 16 762
Intensives Training des sinnerfassenden Lesens
KOHL VERLAG

28 Die Lösungen

Richtig X

	1	2	3	4	5	6	7	8
1	X				X			
2		X	X			X	X	
3		X	X			X	X	
4	X	X			X		X	
5		X		X	X	X		
6		X			X			X
7		X	X			X	X	
8		X		X			X	
9	X		X		X			X
10		X	X	X				X
11				X		X	X	
12	X		X	X		X		X
13			X	X	X			X
14	X			X			X	
15		X			X	X		X
16			X	X		X	X	
17		X	X		X		X	X
18	X	X	X			X		X
19	X		X				X	X
20		X			X		X	X
21		X		X		X	X	
22			X	X			X	
23			X	X	X		X	X
24		X					X	
25	X	X			X	X		X
26		X	X	X	X			X
27	X	X		X		X		X

28 Die Lösungen

1 **a)** Elena liegt im Bett. **b)** Der Arzt schaut sie ernst an. **c)** Dann erklärt er Elena, dass sie zu wenig Vitamine bekommt. **d)** Immer nur Süßigkeiten essen ist nicht gesund. **e)** Obst und Gemüse sind viel wichtiger.

2 **a)** Die Zwillinge Inna und Kristina sind Spaßvögel. **b)** Mit roter Farbe haben sie die Tomaten in Nachbars Garten angemalt. **c)** Sie haben die Tomaten in Nachbars Garten angemalt. **d)** Der Nachbar war stinksauer. **e)** Es viel Arbeit war, jede Tomate einzeln anzumalen.

3 **a)** Der kleine Tim geht mit seinen Eltern am Strand spazieren. **b)** Er hat keine Idee was das sein könnte. **c)** Es ist ein gestrandeter Wal. **d)** Vater informiert mit dem Handy die Polizei. **e)** Sie wird sich um das gestrandete Tier kümmern.

4 **a)** Heute machen die zweiten Klassen einen Besuch im Kindergarten. **b)** Sie machen einen Besuch im Kindergarten. **c)** Sie wollen den künftigen Erstklässlern von der Schule erzählen. **d)** Am meisten interessiert die Kinder, wie man lesen und schreiben lernt.

5 **a)** Fast jeder hätte gerne ein Haustier. **b)** Vor allem Hunde und Katzen sind sehr beliebt. **c)** Manche halten sich recht ausgefallene Haustiere. **d)** Leider werden sie nicht immer artgerecht gehalten. **e)** Für ein Haustier braucht man auch genug Platz.

6 **a)** Nun ist es Zeit, mit einem richtigen Füller zu schreiben. **b)** Deshalb geht er mit seiner Tante in die Stadt. **c)** Im Geschäft liegen viele Füller vor ihm. **d)** Alle darf er ausprobieren. **e)** Es sind viele kleine Fußbälle darauf.

7 **a)** Man kann dort wunderbar auf Entdeckungsreise gehen. **b)** Es gibt den alten Bergfried, das alte Kellerverlies und den alten Brunnen. **c)** Die alten Festungsmauern sind noch zu erkennen. **d)** Das Schönste ist der Ausblick in die herrliche Rheinebene.

8 **a)** In der alten Burgruine ist ein mittelalterliches Fest geplant. **b)** Auch die Schwarzwaldschule möchte daran teilnehmen. **c)** Schließlich hat Manuela die Idee. **d)** Sie werden ein Ritterturnier mit passenden Spielen veranstalten.

9 **a)** Die Klasse 2b machte gestern eine Nachtwanderung. **b)** Um elf Uhr abends zogen sie mit ihrer Lehrerin und drei Eltern los. **c)** Der Weg führte durch den Wald. **d)** Sie erschreckten die Mädchen. **e)** Die Mädchen wollen sich an den Jungen rächen.

10 **a)** Familie Linzmeier geht zum ersten Mal in den Winterurlaub. **b)** Sie können nicht Ski fahren. **c)** Vater hat für alle drei einen Skikurs gebucht. **d)** Schon nach drei Tagen sausen Melissa und René die Hänge hinunter. **e)** Nur Lars ist noch etwas ängstlich.

11 **a)** Sie wollen ein Haus bauen. **b)** Christian soll ein eigenes Zimmer bekommen. **c)** Die Baufima stellt das Haus auf den Keller. **d)** Christian muss sich nur noch die Farbe für sein Zimmer aussuchen. **e)** In drei Wochen wird alles fertig sein.

12 **a)** Ihr Schulfreund Tobias zieht weg. **b)** Seine Eltern sind Lehrer. **c)** Sie unterrichten dort deutsche Kinder. **d)** Marion fragt sich, ob Tobias und sie in zwei Jahren noch Freunde sein werden.

13 **a)** Jens darf sich zum Geburtstag etwas wünschen. **b)** Dieses Jahr hat er sich einen Ausflug in den Europa-Park gewünscht. **c)** Das ist ein Abenteuerpark, der in verschiedene Bereiche aufgeteilt ist. **d)** Jeder Bereich steht für ein Land. **e)** Jens ist schon ganz aufgeregt.

28 Die Lösungen

14 **a)** Familie Hartmann macht jeden Freitag einen Spieleabend. **b)** Als Tim ins Zimmer kommt, stehen keine Spiele auf dem Tisch. **c)** Die Eltern sitzen vor dem Fernseher. **d)** Sie schauen die Fußballweltmeisterschaft. **e)** Tim hatte die Fußballweltmeisterschaft vergessen.

15 **a)** Ann-Katrin ist 10 Jahre alt. **b)** Sie reiten, schwimmen, turnen, sammeln Dinge oder malen. **c)** Ann-Katrin hat ein ungewöhnliches Hobby. Sie angelt jeden Samstag. **d)** Sie fährt mit ihrem Vater und Großvater angeln. **e)** Sie fährt mit ihrem Vater und Großvater an den nahen Baggersee.

16 **a)** Marco war mit seinem Vater im Auto unterwegs. **b)** Vater war zu schnell gefahren. **c)** Marco steht gerade in der Speisekammer und nascht von der Schokolade. **d)** Mutter hat das Naschen verboten. **e)** Radarfalle! Jetzt hat der liebe Gott Marco wegen des verbotenen Naschens auch fotografiert.

17 **a)** Jeden Sonntag ist bei uns Spieleabend. **b)** Mama, Papa, Verena und ich spielen mit. **c)** „Mensch ärgere dich nicht". **d)** Immer, wenn Verena verliert, wird sie fürchterlich wütend. **e)** Irgendwann werde ich nicht mehr mit ihr spielen.

18 **a)** Gestern wurde in Neustadt die Bank überfallen. **b)** Der Räuber kann nur aus dieser Stadt kommen. **c)** Der junge Polizist hat eine Idee, wie er den Räuber erwischen kann. **d)** Der Polizist lässt in die Zeitung schreiben, dass der Räuber 10 000 Euro gestohlen hat. **e)** Als die Frau des Räubers die Zeitung las, schnappte sie sich ihre Bratpfanne und schlug ihren Mann windelweich.

19 **a)** Marion und Lionel haben an der Straße einen Stand mit Getränken und Brötchen aufgestellt. **b)** Am Stand herrscht großer Andrang. **c)** Alle Nachbarn wollen etwas kaufen. **d)** Frau Roth sagt: „Ihr habt Getränke und Brötchen auf eurem Plakat falsch geschrieben!" **e)** Marion antwortet: „Nein, das ist so schon richtig. Jeder der vorbeikommt, sagt uns das. Und keiner geht ohne etwas zu trinken und zu essen. So macht man Geschäfte!"

20 **a)** Tante Hanna kommt zu Besuch. **b)** Tante Hanna stellt ihren Koffer ab. **c)** Sie stöhnt, weil der Koffer so schwer ist. **d)** „Hilfst du denn immer fleißig deiner Mutter?" **e)** „Ich zähle immer die Silberlöffel, wenn du wieder weg bist."

21 **a)** Seine Schwester sagt: „Du träumst mit offenen Augen." **b)** Auf dem Rummelplatz wollte er mit dem Riesenrad fahren. **c)** Gedankenverloren lief er durch die Absperrung und setzte sich. **d)** Erst als er ausstieg bemerkte er, dass er keinen Fahrschein gekauft hatte. **e)** Zum Glück war er nicht erwischt worden.

22 **a)** Katja hat heute ihren ersten Arbeitstag im Luxushotel am See. **b)** Sie soll den ganzen Tag die Telefongespräche annehmen. **c)** „Nein, tut uns leid. Das haben wir hier nicht!" **d)** „Sicher haben wir das. Bei uns gibt es alles." **e)** „Auch wenn der Gast wissen wollte, ob wir schlechtes Wetter haben?"

23 **a)** Zwei Reisende sitzen auf einer langen Busfahrt nebeneinander. **b)** Herr Lauer schaut ihm verwundert zu. **c)** „Warum essen Sie eigentlich die ganze Zeit Gummibärchen? Ihnen wird doch schlecht." **d)** Das sind Wunderbärchen. **e)** „Ich verkaufe Ihnen zehn Stück für zehn Euro." **f)** Je mehr man isst, desto schlauer wird man.

24 **a)** Paolo ist ein sorgfältiger Junge. **b)** Jeden Abend versucht er sich davor zu drücken. **c)** Gestern war er mit seiner Mutter beim Zahnarzt. **d)** Dieser erklärte Paolo, warum es so wichtig ist, sich regelmäßig und sorgfältig die Zähne zu putzen.

28 Die Lösungen

25 **a)** Sophia hat starke Halsschmerzen. **b)** Am Vormittag kommt der Kinderarzt. **c)** Er sagt: „Zeig mir mal deine Zunge." **d)** „Du hast einen geschwollenen Hals und deine Mandeln sind ganz rot." **e)** „Sophia bleibt erstmal zuhause. Sie muss morgens und abends eine Tablette schlucken. Es wird ihr bald besser gehen."

26 **a)** Mais stammt aus Mittelamerika. **b)** Die Maispflanze wird etwa zwei Meter hoch. **c)** Die Maisfrucht wird gerne als Tierfutter verwendet. **d)** Das Öl nutzt man für Salatöl, Margarine und Mayonnaise. **e)** Der süße Mais wird in Südeuropa angebaut. **f)** Aus Mais kann man auch Wärme und Energie gewinnen.

27 **a)** Luis möchte wissen, wie Wolken entstehen. **b)** Immer wenn die Sonne scheint, verdunstet Wasser aus Seen, Flüssen und Meeren. **c)** Die Luft dort oben ist viel kühler. **d)** Die vielen Wassertropfen bilden Wolken. **e)** Sie fallen Richtung Boden. Es beginnt zu regnen.

KOHL VERLAG Der Leseprofi / Klasse 2 Intensives Training des sinnerfassenden Lesens – Bestell-Nr. 16 762

Lernen mit Erfolg
KOHL VERLAG
www.kohlverlag.de

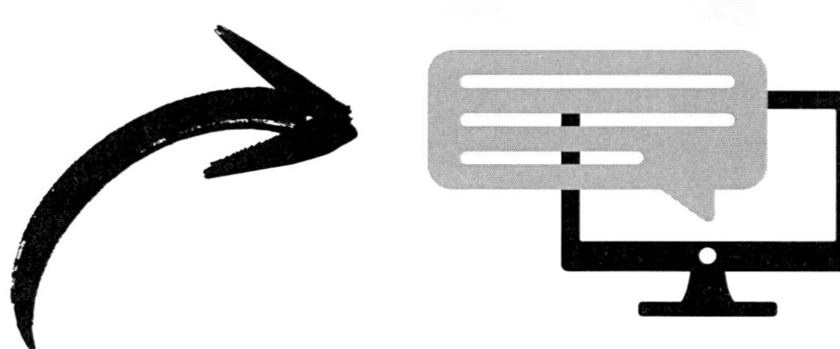